河南省地方标准

高速公路路面石料加工及应用技术规范

DB 41/T 1112—2015

人民交通出版社股份有限公司
China Communications Press Co.,Ltd.

图书在版编目(CIP)数据

高速公路路面石料加工及应用技术规范 / 河南省交通基本建设质量检测监督站主编. —北京 : 人民交通出版社股份有限公司, 2015.11

ISBN 978-7-114-12621-5

Ⅰ. ①高… Ⅱ. ①河… Ⅲ. ①高速公路—石料路面—加工—技术规范 Ⅳ. ①U416.215-65②TU754.4-65

中国版本图书馆 CIP 数据核字(2015)第 270629 号

河南省地方标准

书　　名: 高速公路路面石料加工及应用技术规范(DB 41/T 1112—2015)
著 作 者: 河南省交通基本建设质量检测监督站
责任编辑: 赵瑞琴
出版发行: 人民交通出版社股份有限公司
地　　址: (100011)北京市朝阳区安定门外外馆斜街 3 号
网　　址: http://www.ccpress.com.cn
销售电话: (010)59757973
总 经 销: 人民交通出版社股份有限公司发行部
经　　销: 各地新华书店
印　　刷: 北京市密东印刷有限公司
开　　本: 880 × 1230　1/16
印　　张: 2.5
字　　数: 66 千
版　　次: 2015 年 11 月　第 1 版
印　　次: 2015 年 11 月　第 1 次印刷
书　　号: ISBN 978-7-114-12621-5
定　　价: 18.00 元
(有印刷、装订质量问题的图书由本公司负责调换)

目　次

前　言

本标准按照《标准化工作导则　第 1 部分：标准的结构和编写》（GB/T 1.1—2009）给出的规则起草。

本标准由河南省交通运输厅提出并归口。

本标准起草单位：河南省交通基本建设质量检测监督站、河南省机西高速公路建设有限公司、中交公路规划设计院有限公司、中建路桥集团有限公司、鹤壁市通达石料有限公司。

本标准主要起草人：吴连民、王前东、聂卫林、吕小武、张国伟、乐斐、吕维前。

本标准参加起草人：张红春、李有良、刘静、李智峰、魏金彬、李雯、刘广武、刘伟峰、王钟声、林青、史鹏飞、吴俊江、马奎杰、张恩华、方卫华、梁久春、穆红运、郑伟、马宝春、吕建桥、马小伟、骆强、耿丙彦、李方军、余子兵、张晓磊、张志勇。

1 范围

本标准规定了高速公路路面石料加工及应用的术语和定义、缩略语、总则、石料加工设备、石料加工、石料质量技术要求、石料加工质量控制、石料应用。

本标准适用于高速公路半刚性基层及沥青面层的建设及养护工程,高速公路其他结构路面及其他等级的公路也可参照执行。

2 规范性引用文件

下列文件对于本文件的应用是必不可少的。凡是注日期的引用文件,仅注日期的版本适用于本文件。凡是不注日期的引用文件,其最新版本(包括所有的修改单)适用于本文件。

《公路工程集料试验规程》(JTG E42—2005)。

《公路工程沥青及沥青混合料试验规程》(JTG E20—2011)。

《公路土工试验规程》(JTG E40—2007)。

河南省交通运输厅 豫交文〔2015〕163 号《关于进一步加强全省在建高速公路路面工程施工质量的通知》。

3 术语和定义

下列术语和定义适用于本文件。

3.1

重型反击锤式破碎机

块石进入破碎腔后,利用高速回转的重型环锤冲击块石,受冲击的块石高速冲向破碎板和筛板而得到进一步破碎的石料生产机械。

3.2

天然成品石料

通过石料生产设备,将开采的天然块石加工成符合高速公路用集料质量技术要求的成品石料。

3.3

人工合成石料

采用人工合成的工艺加工制成的质量满足高速公路用集料质量技术要求的成品石料,如人造彩色陶粒。

3.4

机制砂

使用专用的制砂机械,由成品粗集料加工成的质量满足高速公路用细集料质量技术要求的成品石料。

3.5

单档石料

符合某个规定粒径规格的一种成品石料。

3.6

混档石料

成品石料中含两个或两个以上规定粒径规格的混合料。

3.7

石料生产企业

具有符合国家要求的石料开采、炸药使用许可和生产资质，从事原石开采、料石破碎的专业石料生产厂。

3.8

石料临时加工单位

由项目业主或施工单位主持的临时石料生产组织，料石通过外购，加工的成品石料自用。

4 缩略语

下列缩略语适用于本文件。

AC：密级配沥青混凝土混合料（Asphalt Concrete）。

ATB：密级配沥青稳定碎石混合料（Asphalt Treatedt Base）。

SMA：沥青玛蹄脂碎石混合料（Stone Matrix Asphal）。

5 总则

5.1 路面石料可选用天然成品石料，也可选用人工合成石料。人工合成石料应满足粗集料和细集料的质量技术要求。

5.2 路面石料应加工成单档石料，不得为混档石料。

5.3 路面石料可由专业的石料生产企业加工，也可以由项目业主或施工单位组建石料临时加工单位自行加工。

5.4 路面石料加工、应用应严格建立各级质量保证体系，确保成品石料质量。

5.5 石料生产企业、石料临时加工单位应加强石料加工过程中的质量控制，确保加工出合格的成品料。

5.6 路面石料进场前，石料生产企业、石料临时加工单位应全面检测成品石料各项指标，确保出厂前石料质量合格。进场后，施工单位应按规定取样自检，监理单位应按有关频率抽检，合格后石料方可使用。

5.7 项目公司应加强对石料生产企业、石料临时加工单位的质量监管，质量监督机构应不定期对石料质量进行监督检查，杜绝不合格材料进场。

6 石料加工设备

6.1 一般规定

6.1.1 石料生产加工设备宜选择二级破碎的成套机械。

6.1.2 石料生产加工设备应配有初破前杂质振动筛分过滤装置。

6.1.3 沥青面层石料生产加工设备应配有除尘装置，除尘效果应满足石料含粉量、含泥量的要求。

6.2 沥青面层石料加工设备

6.2.1 粗集料加工设备

6.2.1.1 沥青面层粗集料成套破碎机械的主要破碎机应为反击式破碎机或重型反击锤式破碎机。

6.2.1.2 反击式破碎机生产能力宜不小于 200t/h，重型反击锤式破碎机生产能力宜不小于 400t/h。

6.2.1.3　沥青面层粗集料二级破碎成套机械宜选择如下两种组合形式：

(1)粗破为颚式破碎机，精破为反击式破碎机。

(2)初破为重型反击锤式破碎机，二次破碎为石料整型机。

6.2.2　细集料加工设备

6.2.2.1　沥青面层细集料应使用制砂机生产加工，制砂机宜为反击式破碎机或立轴式破碎机。

6.2.2.2　石料生产企业的制砂机生产能力不宜小于200t/h，石料临时加工单位的制砂机生产能力不宜小于60t/h。

6.3　半刚性基层石料加工设备

6.3.1　粗集料加工设备

6.3.1.1　半刚性基层粗集料破碎机械的主要破碎机宜选用反击式破碎机或重型反击锤式破碎机，也可选用锤式破碎机。

6.3.1.2　反击式破碎机生产能力不宜小于300t/h，重型反击锤式破碎机生产能力不宜小于600t/h，锤式破碎机生产能力不宜小于400t/h。

6.3.1.3　二级破碎成套机械宜选择如下三种组合形式：

(1)粗破采用颚式破碎机，精破采用反击式破碎机。

(2)初破采用重型反击锤式破碎机，二次破碎采用石料整型机。

(3)粗破采用颚式破碎机，精破采用锤式破碎机。

6.3.2　细集料加工设备

6.3.2.1　半刚性基层细集料破碎机械宜选用制砂机，也可选用粗集料破碎机械。

6.3.2.2　石料生产企业的制砂机生产能力宜不小于250t/h，石料临时加工单位的制砂机生产能力不宜小于80t/h。

7　石料加工

7.1　一般规定

7.1.1　石料生产企业应具有采矿许可证、安全生产许可证、爆炸物品使用证和存储证、环评水保批复证等手续。

7.1.2　高速公路项目，业主或施工单位宜自行组建石料临时加工单位，自产自用。

7.1.3　石料生产企业、石料临时加工单位应制定石料生产流程，建立质保体系。

7.1.4　在石料加工前应检查加工设备是否配套，组合是否科学，原石开采能力、两级破碎机械的生产能力及筛分能力是否匹配。

7.1.5　石料加工中应定期检修设备，易损件如反击板、锤头、振动筛等应定期更换。

7.2　石料加工流程

石料加工基本流程见图1。

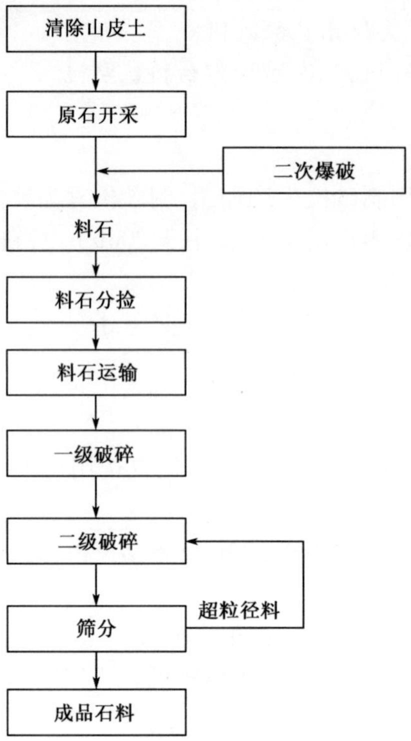

图1　石料加工基本流程

8　石料质量技术要求

8.1　石料的选用

8.1.1　高速公路沥青面层宜选用碱性石料。

8.1.2　高速公路沥青面层上面层粗集料宜选用磨光值较高的玄武岩、辉绿岩、安山岩等石料，也可选用质量满足要求的石灰岩石料；细集料宜选用石灰岩石料。

8.1.3　高速公路沥青面层中、下面层宜选用石灰岩等碱性石料，在保证质量的情况下也可选用辉绿岩、安山岩、闪长岩、花岗岩、砂岩等石料。

8.1.4　当石料与沥青的黏附性指标不合格时，宜采用消石灰等热稳定性高和非水溶性材料作为抗剥落剂。

8.1.5　高速公路半刚性基层可选用质量满足要求的各种石料。

8.2　石料的加工质量要求

8.2.1　天然成品石料作为粗集料时，加工质量要求为：表面清洁、干燥、无风化、无杂质、富有棱角、质地坚硬、颗粒成立方体而少针片形的碎石。

8.2.2　天然成品石料作为细集料时，加工质量要求为：洁净、干燥、无风化、无杂质，有适当的颗粒级配，并且与沥青有良好的黏结力。

8.2.3　人工合成石料作为粗集料时，加工质量要求为：单粒径、颗粒均匀且接近立方体、着色均匀且与路面设计色彩接近。

8.2.4　人工合成石料作为细集料时，加工质量要求为：颗粒均匀、着色均匀且与路面设计色彩接近。

8.3 石料质量技术要求

8.3.1 沥青面层石料

8.3.1.1 粗集料

沥青面层用粗集料的质量技术要求应满足表1的规定，沥青面层用粗集料单档石料级配、粒径规格应满足表2的规定。

表1 沥青面层用粗集料质量技术要求

指标			单位	上面层	中、下面层	试验方法
天然特性	压碎值		%	≤25	≤28	JTG E42 中 T 0316
	洛杉矶磨耗损失		%	≤24	≤28	JTG E42 中 T 0317
	表观相对密度		—	≥2.60	≥2.50	JTG E42 中 T 0304
	与沥青的黏附性		级	5		JTG E20 中 T 0616
	吸水率		%	≤2.0	≤3.0	JTG E42 中 T 0304
	坚固性		%	≤12		JTG E42 中 T 0314
	磨光值	潮湿区(年降雨量 > 1 000mm)	PSV	≥42	—	JTG E42 中 T 0321
		湿润区(年降雨量 500 ~ 1 000mm)	PSV	≥40	—	
加工特性	级配		—	满足表2要求		JTG E42 中 T 0302
	针片状颗粒含量	混合料	%	≤15	≤17	TG E42 中 T 0312
		混合料中粒径大于9.5mm部分	%	≤12	≤15	
		混合料中粒径小于9.5mm部分	%	≤16	≤18	
	水洗法小于0.075mm颗粒含量		%	≤1.0	≤1.0	JTG E42 中 T 0310
	软石含量		%	≤3	≤5	JTG E42 中 T 0320

表2 沥青面层用粗集料单档石料级配、粒径规格

规格名称	公称粒径(mm)	通过下列筛孔(mm)的质量百分率(%)							
		31.5	26.5	19.0	16	13.2	9.5	4.75	2.36
S8	20 ~ 25	100	90 ~ 100	0 ~ 10					
S9	10 ~ 20		100	90 ~ 100	55 ~ 70	25 ~ 40	0 ~ 15		
S10	10 ~ 15				100	90 ~ 100	0 ~ 15		
S12	5 ~ 10					100	90 ~ 100	0 ~ 15	
S14	3 ~ 5						100	90 ~ 100	0 ~ 15

注：20 ~ 25mm、10 ~ 20mm、5 ~ 10mm、3 ~ 5mm、0 ~ 3mm 配出 AC-25、ATB-25 混合料级配；
10 ~ 20mm、5 ~ 10mm、3 ~ 5mm、0 ~ 3mm 配出 AC-20 混合料级配；
10 ~ 15mm、5 ~ 10mm、3 ~ 5mm、0 ~ 3mm 配出 AC-13、SMA-13 混合料级配

8.3.1.2 细集料

沥青面层用细集料的质量技术要求应满足表3 的规定,沥青面层用细集料单档石料级配、粒径规格应满足表4 的规定。

表3 沥青面层用细集料质量技术要求

指标		单位	技术要求	试验方法
天然特性	表观相对密度	—	≥2.50	JTG E42 中 T 0328
	坚固性(>0.3mm 部分)	%	≤12	JTG E42 中 T 0340
加工特性	级配	—	满足表4 要求	JTG E42 中 T 0327
	含泥量(<0.075mm 的含量)	%	≤3	JTG E42 中 T 0333
	砂当量	%	≥70	JTG E42 中 T 0334
	亚甲蓝值	g/kg	≤10	JTG E42 中 T 0349
	棱角性(流动时间)	s	≥30	JTG E42 中 T 0345

表4 沥青面层用细集料单档石料级配、粒径规格

规格名称	公称粒径(mm)	通过下列筛孔(mm)的质量百分率(%)						
		4.75	2.36	1.18	0.6	0.3	0.15	0.075
S16	0~3	100	80~90	52~62	32~42	16~26	6~14	0~6

8.3.2 半刚性基层石料

8.3.2.1 粗集料

半刚性基层用粗集料的质量技术要求应满足表5 的规定,半刚性基层用粗集料单档石料级配、粒径规格应满足表6 的规定。

表5 半刚性基层用粗集料质量技术要求

指标		单位	技术要求	试验方法
天然特性	压碎值	%	≤22	JTG E42 中 T 0316
	表观相对密度	—	≥2.45	JTG E42 中 T 0304
	吸水率	%	≤3.0	JTG E42 中 T 0304
	坚固性	%	≤15	JTG E42 中 T 0314
加工特性	级配	—	满足表6 要求	JTG E42 中 T 0302
	针片状颗粒含量	%	≤18	JTG E42 中 T 0312
	小于 0.075mm 粉尘含量	%	≤1.2	JTG E42 中 T 0310
	软石含量	%	≤3	JTG E42 中 T 0320

表6 半刚性基层用粗集料单档石料级配、粒径规格

规格名称	公称粒径（mm）	通过下列筛孔（mm）的质量百分率（%）						
		31.5	26.5	19.0	13.2	9.5	4.75	2.36
G2	20～30	100	90～100	0～10				
G8	10～20		100	90～100		0～10		
G11	5～10				100	90～100	0～10	

8.3.2.2 细集料

半刚性基层用细集料的质量技术要求应满足表7的规定，半刚性基层用细集料单档石料级配、粒径规格应满足表8的规定。

表7 半刚性基层用细集料质量技术要求

指标		单位	技术要求	试验方法
天然特性	表观相对密度	—	≥2.45	JTG E42 中 T 0328
	坚固性（>0.3mm 部分）	%	≤15	JTG E42 中 T 0340
	有机质含量	%	<2	JTG E42 中 T 0313/0336
	硫酸盐含量	%	≤0.25	JTG E42 中 T 0341
加工特性	级配	—	满足表8的要求	JTG E42 中 T 0327
	含泥量（<0.075mm 的含量）	%	≤4	JTG E42 中 T 0333
	砂当量	%	≥55	JTG E42 中 T 0334
	塑性指数	—	≤17	JTG E40 中 T 0118

表8 半刚性基层用细集料单档石料级配、粒径规格

规格名称	公称粒径（mm）	通过下列筛孔（mm）的质量百分率（%）				
		9.5	4.75	2.36	0.6	0.075
XG3	0～5	100	80～90	55～65	25～35	5～10

8.3.3 封层石料

8.3.3.1 改性沥青碎石封层

改性沥青碎石封层宜采用10～20mm石料，石料质量应满足表1、表2的规定，在撒布前宜通过拌和机加热和除尘。

8.3.3.2 改性乳化沥青碎石封层

改性乳化沥青碎石封层宜采用10～15mm石料，石料质量应满足表1、表2的规定，在撒布前宜通过拌和机加热和除尘。

9 石料加工质量控制

9.1 一般规定

9.1.1 石料质量管理应分为石料生产和石料应用两个阶段。

9.1.2 石料生产企业和石料临时加工单位须接受政府监督,配合有关的政府监督单位、行业协会等质量管理监督单位的质量检查。

9.1.3 石料生产企业应接受高速公路项目业主、监理单位或施工单位的质量监督,配合高速公路项目业主、监理单位或施工单位派往石料厂的质量监督人员开展工作。

9.1.4 石料临时加工单位应接受高速公路项目业主和监理单位的质量监督。

9.2 石料生产管理措施

9.2.1 应完善实验室建设,落实试验人员和设备,建立实验室规章制度和试验操作规程,明确试验人员岗位责任。

9.2.2 应制定完善的石料生产加工质量控制措施。

9.2.3 宜优化设备与人员的合理配置,提高机械设备的生产能力,做好检修与维护工作,确保生产设备高效运行。

9.2.4 应制定堆料场管理制度,保证出厂成品料在堆放、装车、运输过程中不掺其他杂物。

9.2.5 应对职工进行质量方针、质量意识、质量目标、质量管理和质量认证标准的学习和培训,提高管理水平。

9.2.6 当开采岩层发生变化时,应组织质量管理人员和试验人员对成品料各项技术指标进行质量检测和分析,确保石料生产加工各工序处于受控状态。

9.3 天然特性指标控制

9.3.1 应定期观察原石色泽、颗粒状态、裂隙、纹理、质地的变化,判断原石的岩石性质是否变化。

9.3.2 对于岩性变化较大的原石,应综合分析原石的品质、生产成本、加工效率等决定是否采用。

9.3.3 应定期观察石料破碎过程,当破碎次数、抛落轨迹、超粒径粗破料量等变化较大时,宜进行石料压碎值、磨耗值、密度、坚固性等试验。

9.3.4 在符合质量要求的条件下应选取可碎性好、磨蚀性低、粒形好、相对密度大、弹性模量和热膨胀系数小的岩石。

9.3.5 岩石性质应与破碎工艺、加工设备配套,当岩石性质发生变化时,破碎工艺、加工设备应同时改变。

9.4 软石含量控制

9.4.1 应定期进行原石风化程度的鉴定。

9.4.2 应以弱风化带下部作为料场无用层与有用层的分界线,将无用层作为弃料。

9.4.3 应合理组织原石开采程序,先剥离无用层,后开采有用层岩石,应尽量减少原石中软弱颗粒含量。

9.4.4 应定期检测岩石的强度、吸水率,并判断岩性的变化。

9.4.5 对于溶洞、溶沟、岩石出露的地方或有用层中分布断层、挤压面、岩溶等软弱夹层,在开采过程中应预先弃除。

9.5 含泥量控制

9.5.1 应加强源头控制,合理组织原石开采,严格区分弱风化和强风化界限,将强风化料作为弃料。

9.5.2 应科学安排加工工艺。在干式生产中，应将粗碎后的料石筛去0～20mm的颗粒。在湿式生产中，应使用专用的清洗设备通过多级冲洗0～40mm的颗粒。
9.5.3 堆料场地面应平整，并有适当的坡度和截排水设施。
9.5.4 堆料场地面应使用混凝土进行硬化。
9.5.5 成品料的堆存时间不宜过长，应及时周转使用。

9.6 针片状石料含量控制

9.6.1 应根据不同的岩性，选择合适的破碎设备和生产工艺。
9.6.2 石英砂岩、火成岩等宜选择反击式破碎机械，二级破碎。
9.6.3 应根据不同的岩性，调整进料的块度。
9.6.4 生产机制砂时，应尽量减小粗破前的块度。
9.6.5 应尽量减小破碎比。

9.7 含粉量控制

9.7.1 粗破前应利用振动筛分过滤装置去除原石中的杂质。
9.7.2 应增加除尘器设备或分离选粉机。

9.8 含水率控制

9.8.1 湿法生产时应采用振动筛脱水机械脱掉成品料中的水分。
9.8.2 机制砂生产时，可选择真空脱水和离心脱水设备。
9.8.3 应定期检测成品料含水率，达到要求时再进入待售区。
9.8.4 应在成品料仓顶部搭设防雨棚，仓底部浇筑混凝土地板，并设置盲沟排水设施。

9.9 细度模数控制

9.9.1 通过试验测试机制砂的细度模数，使成品机制砂细度模数控制在规定的范围内。
9.9.2 当细度模数偏大、颗粒级配偏差时，应调整棒磨机进料粒径、进料量、装棒量等，或调整筛分楼的开机组数，调整产量。
9.9.3 可通过调整筛分楼的筛网尺寸，调整机制砂的颗粒组成和细度模数。
9.9.4 宜配置超细碎设备对粗破料进行整形，有效调整机制砂的细度模数和颗粒组成。

9.10 级配控制

9.10.1 应根据不同路面层位对石料的要求，选择合适的破碎设备组合和生产工艺。
9.10.2 应选择合适的振动筛，在生产过程中定期检查筛孔径、下料角度、振动频率和振幅等。
9.10.3 对已破损或不满足要求的筛网应及时进行更换。
9.10.4 应根据不同的岩性调整破碎设备的进料和机腔开口，调整进料速度和块度，定期检测破碎粒径、集料的越逊径、含粉量、针片状含量等。
9.10.5 料区之间应相互隔离控制混料，粗集料应尽量减小堆高。

10 石料应用

10.1 石料生产企业的选择

10.1.1 项目公司、监理和施工单位宜联合组成石料考察小组，对项目附近石料生产企业进行全面考察，选择质量符合要求、供货能力满足进度要求、价格合理的石料生产企业作为项目专供厂家。考察重点如下：

(1)原石的天然特性满足质量要求。

(2)原石的开采、二次爆破、分拣、运输等满足规定。

(3)生产设备的生产能力、加工方式、新旧程度满足规定，配套科学。

(4)成品料的质量满足质量要求。

(5)成品料的堆存满足规定。

10.1.2 一个标段宜选择一家石料生产企业供料。

10.2 拌和站石料的管理

10.2.1 拌和站场地应进行硬化并设置完善的排水措施。

10.2.2 应严格材料进场后的存储、堆放和管理。

10.2.3 集料应按不同种类、规格分仓堆放，不得串料。

10.2.4 拌和站材料堆放时应防止离析，并制定御料、堆料、移料、上料等工艺。

(1)卸料、堆料注意事项。

①石料应分层堆放，保证粗、细料不离析，大料不滑落在下面。

②自卸车卸料应注意堆高，保证堆料不离析。

③也可使用挖掘机、装载机和推土机堆料，堆料时应防止石料离析。

(2)装载机上料注意事项。

①装载机应在料堆的全部高度和各个方向上进行采掘，以免由于料堆坍落而引起离析。

②装载机取样时应垂直面向料堆材料流动的方向。

③装载机取料时应使用大臂使铲斗向上滚卷，而不宜将铲斗插入很深而使铲斗穿入料堆向上翻转，以免对料堆产生很大的扰动。

④装载机手应避免从料堆最底部取样。

⑤当发现粗细料离析时装载机手应将粗细料就地翻动重新混合后再装料，不应一斗粗料一斗细料地向冷料仓供料。

⑥装载机手在向冷料仓装料时，应仔细对准料仓防止发生混仓，并及时向冷料仓加料，使其经常保持相对的满仓状态。

10.2.5 沥青面层石料和半刚性基层细集料应搭建雨篷堆放。雨篷应使用钢构件搭建，存放细集料的雨篷宜实行全封闭，存放粗集料的雨篷可实行半封闭。

10.3 施工中石料质量控制

施工中石料质量管理包括石料进场前质量控制和进场后质量检测。石料初次进场前，项目业主和监理单位应全面检测石料各项指标。进场后，施工单位应按规定取样自检，监理单位按有关频率抽检。

10.3.1 质量控制措施

项目公司、监理和施工单位应进行石料质量控制：

(1)应建立各级质量保证体系，确保原材料质量。

(2)项目公司、监理和施工单位应派材料监理进驻项目石料专供厂家，监督石料的开采、分拣、生产、运输的各个环节，对每天的产量、规格、质量、出料等实行日报，进行动态管理。

(3)应加大对石料生产企业生产过程中的质量抽检力度，严格控制集料各项技术指标。每天级配、针片状含量、含泥量等加工特性检测应不少于1次，每月宜进行一次石料天然特性检测。

(4)生产过程中应加强各档集料级配和混合料级配的跟踪检测。单档集料级配关键筛孔的通过率误差不得超过±6%，混合料级配关键筛孔的通过率误差不得超过±4%。

10.3.2 项目业主

施工单位工作重点如下：

(1)参加项目石料专供厂家的选择工作。

(2)监督监理和施工单位的石料质量管理工作。

(3)检查石料生产企业的生产工作。

(4)抽查石料生产企业的产品质量和施工用石料的质量。

10.3.3 监理

监理单位工作重点如下：

(1)参加项目石料专供厂家的选择工作。

(2)监督施工单位的石料质量管理工作。

(3)检查石料生产企业的生产工作。

(4)抽查石料生产企业的产品质量,按规定频率抽检施工用石料的质量。

10.3.4 施工单位

施工单位工作重点如下：

(1)推荐项目石料专供候选厂家,主持项目石料专供厂家的选择工作。

(2)应规范材料取样、检验频率和试验检测工作,严格执行国家、行业、地方规范和项目的规定。

(3)原材料的质量检查应以同一料源、同一次购入并运至现场的相同规格品种的集料作为一批进行检查。

(4)更换石料专供厂家时应严格履行石料生产厂家的选择流程,并报请项目业主、监理批准。

(5)应加强施工过程中的石料质量控制,凡不合格材料一律不得使用。

附录1

《高速公路路面石料加工及应用技术规范》

条 文 说 明

前　　言

从20世纪90年代中期我省第一条高速公路通车，经过2000年以后的快速发展，截至2014年年底，我省的高速公路通车总里程已突破5 800km，连续七年雄居全国第一。但是在高速公路建设中，石料质量问题一直困扰参建各方。目前石料质量主要有如下方面的问题：

1. 石料脏（含泥量大）、粉尘多

这是我国石料产品的通病，严重影响了路面的质量，造成基层裂缝增加，石料与沥青的黏结力下降，好的沥青无法发挥其品质，引起路面的松散、透水、坑槽、裂缝等高速公路早期破坏，达不到其设计寿命。

2. 针片状、扁平状颗粒含量高

由于针片状颗料在压路机碾压时易被压碎，造成施工时混合料级配变异，影响路面质量和寿命。

3. 级配变异大

我国目前公路部门的石料多半取自社会料场，质量和规格参差不齐、筛孔不统一、生产规模小、缺乏专业生产厂家、与建筑石料混合生产、用颚式破碎机生产面层石料等问题十分突出，同一厂家不同批次的产品变异很大，不同厂家生产出来的同一规格石料相差悬殊，导致实际级配与配合比设计有很大的差距，引起混合料离析和油石比不准，施工质量难以控制。

4. 重视不够，办法不多

当前对高速公路石料的质量控制存在下面三种错误倾向：

第一，对石料的重要性认识不足，对质量控制不力。

第二，认识到了石料的重要性，但没有好的控制方法，尽管出台了许多文字性的措施，但落实不了。

第三，认识到了石料的重要性，采取了一系列的措施、方法和手段，前期确实起到了好的效果，但是到了中后期，由于工期紧张、工期提前、超限治理、运输困难、石料涨价、石料供应紧张等一系列原因，往往放松对石料的质量要求，这种“前紧后松”的现象非常普遍。

通过本标准的制定，以期解决石料质量问题，从而有效提高河南省高速公路路面质量。

1 范围

20世纪60年代,石灰稳定土基层渣油路面在我国开始应用,并成为当时公路界三大重要科技成果之一。进入70年代以后,水泥、石灰、粉煤灰等无机结合料稳定粒料基层成为主流,形成了半刚性基层沥青路面技术的雏形。从20世纪80年代至今,经过"六五""七五""八五"科技攻关项目的研究,半刚性基层沥青路面结构成套技术逐渐形成,成为我国高速公路主要的路面结构形式,现在我国已建成的高速公路95%以上都是半刚性基层沥青路面。

截至2014年年底,我省的高速公路通车总里程已突破6 000km,其路面结构主要为半刚性基层沥青路面,仅有个别路段为RCC+AC(部分连霍、京港澳段)、复合式路面(尉许高速)、柔性基层路面(太澳高速汝阳段)、水泥混凝土路面(部分隧道内),所以本规范的石料生产和应用技术是针对半刚性基层沥青路面制定的,高速公路其他路面结构及其他等级的公路可参照本规范执行。

由于国家未出台高速公路路面石料的产品国家标准或行业标准,目前高速公路路面石料生产政府监督还是空白,在质量方面使用单位没有话语权。本标准的出台将有效改观这一局面,为政府执法提供了依据,通过政府监督全面提高我省高速公路路面石料的质量。

2 规范性引用文件

《关于进一步加强全省在建高速公路路面施工工程质量的通知》(豫交文[2015]163号)是河南省交通运输厅关于石料质量控制的规范性文件,文件条款对石料的技术指标、质量管理办法等做了具体规定。文中引用时未直接列出相关条款,如果《关于进一步加强全省在建高速公路路面施工工程质量的通知》有修订文本,相关条款以新修订的为准。

3 术语和定义

3.1 重型反击锤式破碎机

国外发达国家在几十年前已完成了高速公路网络的建设,近期很少修建高速公路,国际上先进的施工设备包括石料加工设备大多销往中国,所以中国工程机械的水平就代表国际水平。中国的石料生产加工机械并不落后,但是生产的石料却落后发达国家几十年。

石料破碎机械主要有颚式破碎机、锤式破碎机、圆锥式破碎机、辊式破碎机、反击式破碎机、轮碾机、立式冲击破碎机、笼式破碎机、巴马克石子破碎机等,这里做简要介绍。

(1)颚式破碎机

图1为颚式破碎机的结构图,其工作原理是借助于活动颚板周期性地靠近或离开固定颚板的摆动运动,使进入破碎腔的石料受到挤压、劈裂、弯曲和冲击作用而破碎。破碎后的石料靠自重或颚板摆动时的向下推力从排料口排出。

(2)锤式破碎机

图2为锤式破碎机的工作原理图,锤头安装锤架上,锤架安装在主轴上,在机壳的下部装有蓖条,蓖条的作用是卸出破碎的石料。石料进入破碎腔中后,受到高速旋转的锤头的冲击而破碎。同时,石料在锤头的作用下向机壳冲走而二次破碎,较小的粒料作为成品通过蓖条排出;较大的石料在蓖条上再次经受锤头的冲出而破碎,直到破碎成小料排出。

(3)反击式破碎机

图3为反击式破碎机的工作原理图,转子带动板锤高速旋转,进入腔体的石料在锤击区受到板锤的冲出,并被高速抛向反击板,再次受到冲击后又从反击板反弹到板锤,继续重复上述过程。石料受到板

锤的打击、反击板的冲击、石料间的相互冲撞而破碎，当石料小于反击板与板锤的间隙时，就被作为成品排出。

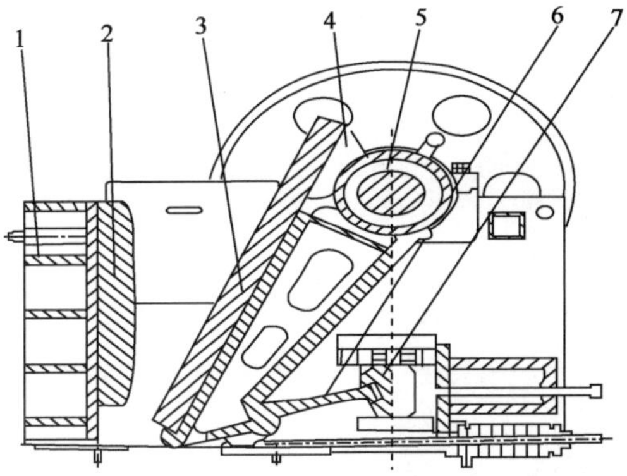

图1 颚式破碎机

1-机架；2-固定颚；3-活动颚板；4-动颚；5-偏心轴；6-推力板；7-调节座

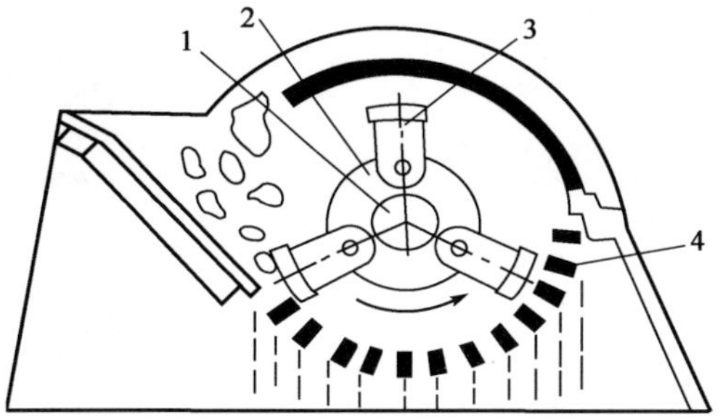

图2 锤式破碎机

1-主轴；2-锤架；3-锤头；4-蓖条

（4）圆锥式破碎机

图4为圆锥式破碎机的工作原理图，活动锥的心轴悬挂在横梁上，并且偏心地安装在固定锥体内。偏心轴旋转时活动锥沿着固定锥的内表面作偏心运动，处于活动锥和固定锥之间的石料受到活动锥的挤压、摩擦、冲击等综合作用而破碎。较小粒径的石料由于重力的作用从锥底排料口排出，较大的继续受到活动锥的作用直至全部破碎。

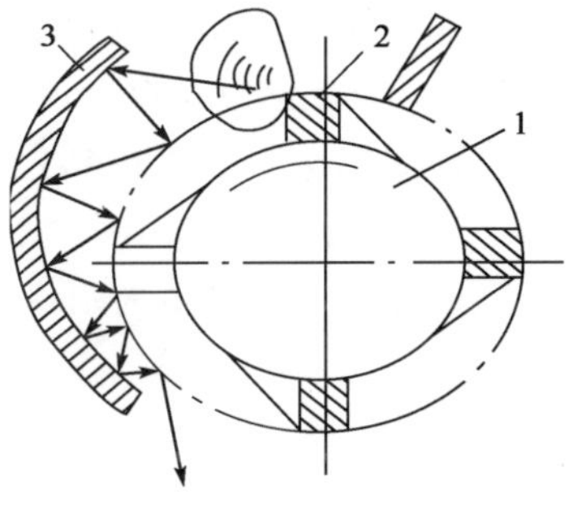

图3 反击式破碎机

1-转子；2-板锤；3-反击板

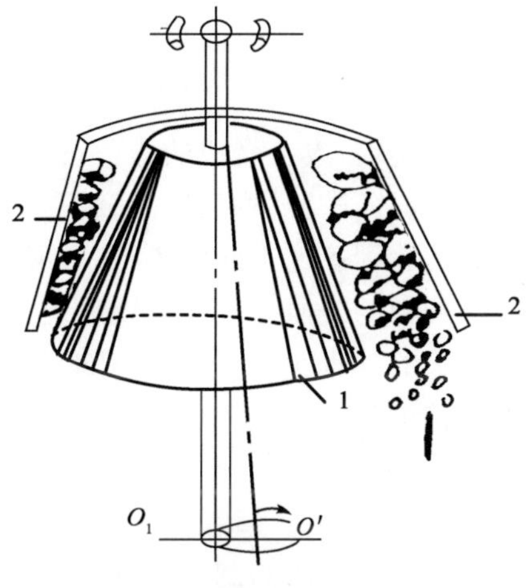

图4 圆锥式破碎机

1-活动锥；2-固定锥

（5）重型反击锤式破碎机

重型反击锤式破碎机吸收了锤式破碎机产量高和反击式破碎机成品料质量好的优点，其工作原理是电动机经三角带、大带轮带动转子高速旋转；待破碎物料由喂料设备经入料口送入破碎腔，高速旋转的转子带动锤头首先对物料进行第一次打击，物料被锤头冲击而破碎；获得动能后的物料高速撞向反击板或料块自相碰撞而再次破碎；物料在碰撞的过程中逐渐向破碎腔下部的活动反击板移动，当物料粒度小于锤头与活动反击板之间的间隙时，在自重和其他物料的压挤下脱离破碎腔，由下料斗排出。物料在破碎腔内经过铁打石、石打石、石打铁等多个破碎过程（图5）。

3.2 天然成品石料、3.3 人工合成石料

天然成品石料就是普通的天然石料，通过开采、分拣、破碎等工艺生产出的石料。普通的天然成品

石料呈暗青色、深灰色、黑色，用于普通的黑色沥青路面；彩色天然成品石料呈红色、绿色、白色、杂色等，采用天然的彩色原石加工而成，用于彩色沥青路面。

图5　重型反击锤式破碎机

彩色沥青路面主要用于城市主干道、快速路、环形路，交通指示区、人行横道、交通减速区，自行车道、人行道、桥面铺装、站台、汽车停车场、体育场，工厂、医院等企事业单位院区功能区域划分，机场、码头、车站等休闲区、美化区域。随着我国综合国力的提高，彩色沥青路面得到了快速的发展，住建部制定了《城市道路彩色沥青混凝土路面技术规程》(CJJ 218—2014)。

彩色沥青路面需要使用彩色石料，由于天然的彩色石料储量很少，目前国内外大多使用人工合成的彩色石料。所以人工合成石料主要为人工合成彩色石料，如人造彩色陶粒。

人造彩色陶粒：人工合成的彩色石料，采用人工合成及着色工艺加工制成的质量满足道路集料质量技术要求的集料。陶粒，顾名思义，就是陶质的颗粒，一般由页岩、黏土岩等经粉碎、筛分，在高温下烧结而成。陶粒形状因工艺不同而各异，一般呈圆形或椭圆形球体，彩色路面用仿碎石人造彩色陶粒呈不规则碎石状。陶粒的表面是一层坚硬的外壳，这层外壳为陶质或釉质，具有隔水作用，并且赋予陶粒较高的强度。陶粒的外观颜色因所采用的原料和工艺不同而各异，焙烧陶粒的颜色大多为暗红色、赭红色，人造彩色陶粒可根据路面颜色需要进行着色，能着成多种颜色。

3.4　机制砂

机制砂为使用专用的制砂机、用粗破过的洁净粗集料生产的具有一定级配的细集料，而非石料生产中的下脚料。

与天然砂相比，机制砂具有下列优点：

(1)棱角性好。机制砂是经过破碎而成的，而天然砂是经过数万年自然风化而成的，机制砂的棱角性远大于天然砂。

(2)与沥青、水泥的黏附性较好。天然砂大多呈圆球形，比表面积小，化学特性多为酸性，与沥青、水泥结合时黏附性差，抗剪能力、抗水破坏能力不足。

(3)级配均匀。经过加工的机制砂具有均匀的级配，而天然砂级配因产地而异，无法人工控制。

本规范规定沥青面层细集料应使用机制砂，才能充分发挥骨架密实结构面层的抗车辙能力。在规范正文中并未提到天然砂，是因为高速公路沥青路面基本上不用天然砂，尤其是细集料采用机制砂后，已经不需要天然砂了。

天然砂仅用于细集料为石屑时调整级配。

(1)天然砂棱角性，小于45%；机制砂棱角性，大于42%，不是所有机制砂棱角性都比天然砂棱角性大。天然砂经过数万年的风化形成一个自然的级配,而石屑则是轧制碎石形成的残渣,级配不好,适当使用天然砂可使沥青混合料达到理想的级配。

(2)我国的石屑不是机制砂,与真正的机制砂差别是它含有大量的针片状颗粒,在拌和与碾压过程中很容易压碎,破坏了级配,使矿料间隙率降低,空隙率减少,沥青用量就显得多,反而会造成车辙。

(3)由于 Superpave 混合料粗集料含量增加,使压实困难,适当使用天然砂,增加了混合料的和易性,降低了压实的困难程度,使压实较容易达到规定的密实度要求。

对于骨架密实水泥稳定碎石基层,细集料最好使用机制砂,能充分发挥骨架密实水泥稳定碎石基层的抗裂效果。

骨架密实水泥稳定碎石基层 0 ~ 5mm 的细集料是有级配要求的一档石料,而下脚料基本上是石料生产中的废料,不但无级配可言,而且含泥量大,即使含泥量不大也都是粉料,使用后基层将产生大量的裂缝。机制砂是采用专门的加工设备,利用粗破后的石料加工而成的满足级配要求的细集料。

另外,这要从水泥稳定碎石基层的裂缝产生机理说起,裂缝主要是由于混合料的干缩和热胀冷缩引起,其中干缩占了较大的比重,可以说水泥稳定碎石基层的早期裂缝(通车前的裂缝)主要是由于混合料的干缩引起的。

大家都清楚,混合料的干缩是由 0.6mm 以下的细集料产生的,0.6mm 以下的粉料含量越大,干缩量就越大,基层开裂越严重。图 6 为均匀的骨架密实结构,5 ~ 10mm、10 ~ 20mm、20 ~ 30mm 三档粗集料形成了骨架,骨架间的空隙要由 0 ~ 5mm 的细集料和水泥填充。如果 0 ~ 5mm 的细集料采用机制砂,0.6mm以下的粉料含量占了很小的比例,产生的裂缝就很少;如果 0 ~ 5mm 的细集料使用下脚料,等于空隙基本上由粉料填充,裂缝大大增加。这就是为什么同样是骨架密实结构,水泥剂量差不多,有的基层几百米一道缝,而有的几十米一道缝。

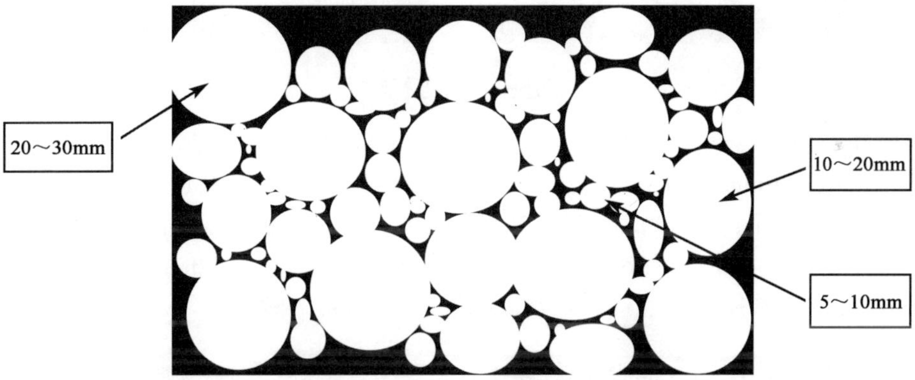

图6　均匀的骨架密实结构

高速公路机制砂应使用制砂机生产加工。常用的制砂机械有棒磨机、反击式破碎机、立轴式破碎机、旋盘破碎机等。

目前高速公路使用的制砂机主要是立轴式破碎机,工作原理是物料由机器上部垂直落入高速旋转的叶轮内,在高速离心力的作用下,与另一部分以伞状形式分流在叶轮四周的物料产生高速撞击与粉碎,物料在互相撞击后,又会在叶轮和机壳之间以物料形成涡流多次的互相撞击、摩擦而粉碎,从下部直通排出,形成闭路多次循环,由筛分设备控制达到所要求的成品粒度。

制砂机制成的成品料叫机制砂,必须使用成品粗集料加工,制砂机的生产工作流程见图 7。从图 7 可清晰看出,料石先经颚破和反击破加工成粗集料,再进入制砂机,这样才能保证机制砂的洁净程度,砂当量、亚甲蓝值、粉含量等指标合格。社会上许多机制砂采用颚破后直接进入制砂机的生产工艺,高速公路不允许这样操作。

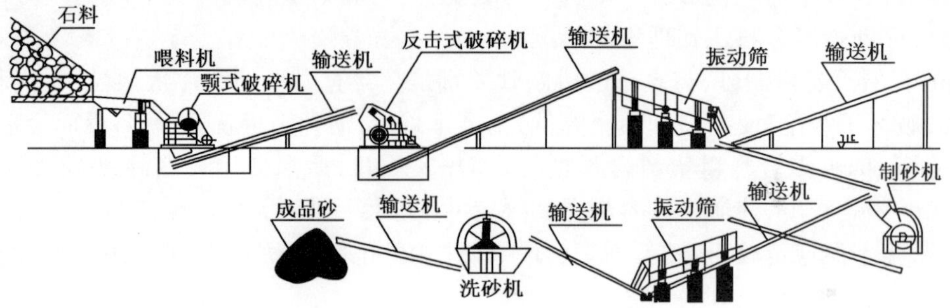

图7　制砂机的生产工作流程

3.5　单档石料、3.6　混档石料

单档石料为符合某个规定粒径规格的一种成品石料，如 10 ~ 20mm 的石料或 20 ~ 30mm 的石料，图 8为单档石料。

图8　单档石料

混档石料成品石料中含两个或两个以上规定粒径规格的混合料，如 20 ~ 30mm 石料中混有 10 ~ 20mm 石料(图 9)，10 ~ 20mm 石料或 20 ~ 30mm 石料混有 5 ~ 10mm 石料(图 10)。本来水泥稳定碎石基层需要 0 ~ 5mm、5 ~ 10mm、10 ~ 20mm、20 ~ 30mm 四档石料，但是有的施工单位由于 10 ~ 20mm 石料或 20 ~ 30mm 石料混有 5 ~ 10mm 石料，仅用 0 ~ 5mm、10 ~ 20mm、20 ~ 30mm 三档石料，更有甚者仅用 0 ~ 5mm、20 ~ 30mm 两档石料，20 ~ 30mm 石料实际为 5 ~ 30mm 石料。

图9　混档石料

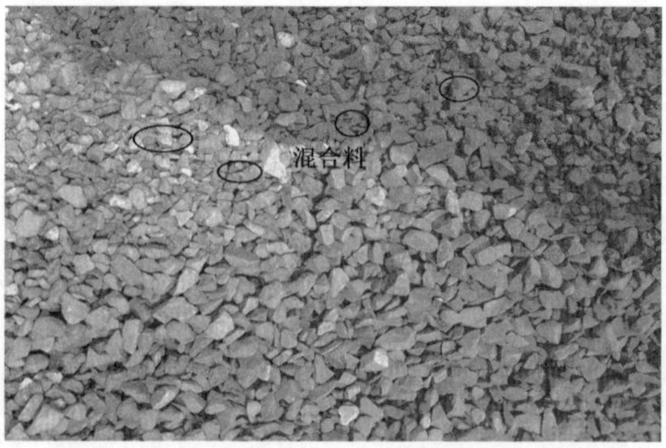

图10　混档石料

3.7　石料生产企业、3.8　石料临时加工单位

石料生产企业就是正规的石料生产厂，有成套的石料生产设备，从事原石开采和石料破碎，有各种

资质和许可证。

我国目前公路部门的石料多半取自社会料场，质量和规格参差不齐、筛孔不统一、生产规模小、缺乏专业生产厂家、与建筑石料混合生产，面层石料问题十分突出，同一厂家不同批次的产品变异很大，不同厂家生产出来的同一规格石料相差悬殊。由于这几年房地产业火爆，建筑用石料需求很大，加上国家环保意识加强控制了石料的开采，石料基本上属于供不应求的局面，高速公路石料使用单位处于弱势地位，石料生产企业非常强势，根本不顾及质量，造成高速公路施工单位十分被动。为了解决上述问题，有的项目业主或施工单位自行成立了临时的石料加工组织，外购原石自己破碎，产品自产自用，效果很好，值得推广和借鉴。

5 总则

5.1 人工合成石料还不被大家所熟知，主要用于彩色沥青路面，随着彩色路面的推广应用，未来人工合成石料将逐步进入高速公路领域。在国外彩色沥青路面主要使用人工合成石料，基本上不用天然石料，我国还是以天然彩色石料为主。国外许多国家制定了人工合成石料的质量技术标准，我国已发布实施的《城市道路彩色沥青混凝土路面技术规程》(CJJ 218—2014)未对人工合成石料制定质量技术标准，规定了人工合成石料应满足粗集料和细集料的质量技术要求，本规范沿用了这一理念。

5.2 由于混档石料级配很不稳定，为了保证级配的稳定，本规范规定高速公路路面石料须加工成单档石料，不得为混档石料。目前高速公路路面施工时石料混料现象十分普遍，主要是大料中混有小料，是由于在石料生产时筛分不彻底造成的，改正起来很容易，但是因为石料生产企业质量意识不强，这个局面一直没用改观。

5.3 由于没有高速公路路面用石料专业的生产企业，社会上供应的石料大多无法满足高速公路路面用石料的质量要求，许多项目业主或施工单位自己组建临时石料厂，自产自用。这样操作起来很简单，投资也不多，石料生产设备下一个项目可以重复利用。临时石料厂购买原石，自己仅破碎和筛分，技术难度不大。

由于高速公路路面用石料对细集料质量要求高，社会上的石料厂很难达到质量要求，可行的方法是项目业主或施工单位购买制砂机，只加工细集料，粗集料在社会上购买。

5.4 由于石料的地域性强，远距离运输成本太高，石料使用单位选择的余地很小，石料供应处于卖方市场，所以与其他行业相比，目前石料生产企业的质量意识还是差了些。项目业主和施工单位可以帮助石料厂建立质量保证体系，提高石料质量。

5.5 石料生产过程控制是关键，质次的石料送到工地后很被难退回，所以施工单位应注意石料质量前控，在石料生产环节进行质量监控，以免石料送到工地后被动。

5.6 本条规定了石料质量控制的两条途径，一是出厂前质量自检，二是使用单位检测和监理抽检，通过这些措施达到石料满足质量要求。

5.7 本条强调了项目公司在石料质量监管中应发挥的作用，明确了项目公司和质量监督机构的监督责任。

6 石料加工设备

6.1 一般规定

6.1.1 石料破碎机械使用率高、工况恶劣、强度大、磨损快，加上更新换代也快，所以石料生产加工设备应选择近三年生产的新型设备。石料生产加工设备有一级破碎、二级破碎，个别也有三级破碎的，一级破碎一般为锤式破碎机、重型反击锤式破碎机或制砂机，二级破碎的成套机械较多。二级破碎的优点是产量高，成品石料质量好。

6.1.2 石料生产加工设备均配有初破前杂质振动筛分过滤装置,有的石料生产单位为了提高产量将其去掉了,造成成品料含泥量大。

6.1.3 沥青面料石料对含泥量、含粉量要求高,石料生产加工设备只有配置除尘装置才能达到质量要求。

6.2 沥青面层石料加工设备

6.2.1 粗集料加工设备

6.2.1.1 反击式破碎机或重型反击锤式破碎机生产的成品料颗粒均匀、接近立方体、针片状颗粒含量低,适宜用于加工沥青面层粗集料。锤式破碎机产量高,但是生产的成品料针片状颗粒含量高、颗粒形状不好,不能用作沥青面层粗集料。

6.2.1.2 为适应不同使用单位的需要,目前的石料破碎机械种类很多,产量低的50t/h,产量高的可达到800t/h,根据高速公路路面工程量及施工进度的需要,对反击式破碎机、重型反击锤式破碎机生产能力进行了最低要求。

6.2.1.3 二级石料破碎成套机械有多种组合形式,对于沥青面层粗集料前几年大多选择粗破为颚式破碎机,精破为反击式破碎机。近期,随着重型反击锤式破碎机的广泛使用,大多采用初破为重型反击锤式破碎机,二次破碎为石料整型机生产。

石料整型机是一种小型的反击式破碎机或重型反击锤式破碎机,主要用于对一级破碎超粒径的块料进行二次破碎,由于加工出的石料形状好,所以称为石料整型机。

6.2.2 细集料加工设备

6.2.2.1 制砂机种类很多,主要有棒磨机、反击式破碎机、立轴式破碎机、旋盘破碎机等,其中反击式破碎机或立轴式破碎机产量高,生产的机制砂级配优、形状好、含粉量低,适合用作沥青面层细集料。

6.2.2.2 制砂机种类多,产量差别很大,产量小的30t/h,产量大的可达到300t/h,由于高速公路对机制砂的需求量很大,根据路面工程量及施工进度的需要,对制砂机生产能力进行了最低要求。

6.3 半刚性基层石料加工设备

6.3.1 粗集料加工设备

6.3.1.1 相对沥青面层半刚性基层粗集料对质量要求低一些,普通的锤式破碎机也能满足设计要求。

6.3.1.2 高速公路基层一般为36cm左右,现在底基层一般也采用与基层同样的结构,这样水泥稳定碎石基层的厚度达到54cm左右,对石料的需求量是很大的,一个标段就要几十万吨石料,所以对反击式破碎机、重型反击锤式破碎机、锤式破碎机生产能力进行了最低要求。

6.3.1.3 为了较高的产量和较好的破碎效果,半刚性基层粗集料生产加工一般也选用二级破碎成套机械,与沥青面层破碎机械相比,增加了粗破为颚式破碎机,精破为锤式破碎机的组合。对于新型的、产量合适的锤式破碎机,也可以选用一级的锤式破碎机生产半刚性基层粗集料,但前提是质量满足要求。

6.3.2 细集料加工设备

6.3.2.1 振动成型技术和骨架密实结构已在我省推广应用,目的是控制裂缝,为了达到控制裂缝的效果,细集料最好采用机制砂。如果使用石屑,要优化石料的生产工艺,尤其是破碎机成套设备,要有杂质筛分装置,在粗破前将山皮土分离出,以降低石屑的含泥量。

6.3.2.2 如果细集料采用制砂机生产,制砂机生产能力不能太小,否则不能满足高速公路的施工需求。

7 石料加工

7.1 一般规定

7.1.1 石料生产作为粗放型的生产企业,管理一直比较落后,时有安全事故发生。近几年国内加强了对石料生产企业的管理,尤其是炸药的使用管理很严格。近期,随着我国环保意识的加强及资源保护意识的提高,对于石料的开采也进行了严格控制。石料生产企业要办齐很多手续才能开工,生产管理水平也相应要求提高。

7.1.2 由于社会石料生产企业成品料质量无法保证,国内许多高速公路项目,业主或施工单位自行组建了石料生产厂,自产自用。主要是生产机制砂,也有生产粗集料。我省采用这种方式的还不多,建议多进行该尝试。

7.1.3 目前我国石料生产企业生产管理普遍粗放,随着石料应用单位质量要求的提高,尤其是高速公路路面石料质量要求较高,需要石料生产企业转变观念,加强管理、苦练内功,具体操作上要制定标准的石料生产流程,建立完善的质保体系。

7.1.4 石料生产加工需要多种机械的组合,如破碎设备、筛分设备、传输设备等,多种机械要配合,否则无法达到设计产量。试想,如果石料厂购买了大型的重型反击锤式破碎机,生产能力达到每小时近千吨,过去的反击式破碎机生产能力每小时200t左右,如果仍采用过去的振动筛分设备,势必造成筛分不及时,不但影响产量,更影响筛分质量。

7.1.5 石料在生产时,石料生产、加工成套设备一般连续工作,破碎时锤头高速旋转,击打块石时受力很大,反击板、锤头、振动筛配件容易损坏,要定期更换。

8 石料质量技术要求

8.1 石料的选用

8.1.1 本条规定高速公路沥青面层宜选用碱性石料,并不是说就不能选用酸性石料,事实上国外酸性石料也广泛应用于公路工程。国内外也有许多应用酸性石料作为高速公路面层的应用,所以只要满足沥青混合料的指标要求,辉绿岩、安山岩、闪长岩、花岗岩、砂岩等石料均可用于高速公路沥青面层。

8.1.2 前些年我省高速公路上面层一直选用玄武岩石料,最重要的原因是玄武岩石料磨光值较高,经过近6 000多公里高速公路的超规模使用,玄武岩在我省基本上消耗殆尽。近几年我省已在尝试使用石灰岩石料作为高速公路的上面层,但是由于石灰岩石料相对于玄武岩石料磨光值低,只有少数的石料合格,使用上受到限制。

与玄武岩相比,作为高速公路的上面层石灰岩石料也有优势:

(1)与沥青的黏附性好。石灰岩石料一般都能满足与沥青的黏附性要求,而玄武岩一般要加入抗剥落剂。

(2)造价低。玄武岩每吨要200多元,而石灰岩每吨100元左右,石灰岩造价仅为玄武岩的一半,大大节约成本。

8.1.3 本着就地取材的原则,高速公路沥青面层中、下面层石料应优先使用本地料源的石料,这样可大大节约工程造价,因为石料运到工地的总费用中,运输成本占大头,一般占到总费用的40% ~70%,所以辉绿岩、安山央、闪长岩、花岗岩、砂岩等石料,只要质量满足规范要求,都可以使用。

8.1.4 玄武岩等酸性石料与沥青的黏附性指标较差,需要加抗抗剥落剂。抗剥落剂有化学产品、消石灰、水泥等。

化学产品的抗剥落剂主要是氨类,由于目前对混合料的抗剥落能力检测方法比较简单,仅是水煮法，不太科学，不能准确反映石料的抗剥落能力。许多抗剥落剂从水煮法看确实提高了抗剥落能力，但是大多数氨类抗剥落剂溶于水，易挥发，长效性差，高温性能不稳定，经过拌和楼加热后就失去了功效，抗剥落能力不持久。另外，路面水损害取决于许多因素，包括不良路面排水、污染的集料、不恰当的混合料设计等。混合料与沥青和水的关系是一个重要的性质，但不是唯一性质。有些混合料加了抗剥落剂，水稳定性并没有明显增加。

目前，消石灰是天然的抗剥落能力最佳的添加剂，物美价廉，没必要花大价钱购买其他的抗剥落剂。消石灰在国外也广泛使用。

8.1.5　由于水泥与酸性石料和碱性石料黏结均很好，本规范不对石料的性质做出要求。

8.2　石料的加工质量要求

8.2.1　本条是使用天然原石加工为成品料粗集料时，对产品质量的基本要求，与产品的加工特性的质量技术要求对应，如表面清洁对应含泥量，质地坚硬、无风化、无杂质对应软石含量，富有棱角、颗粒成立方体而少针片形对应针片状颗粒含量。

8.2.2　本条是使用天然原石加工为成品料细集料时，对产品质量的基本要求，与产品的加工特性的质量技术要求对应，如洁净对应含泥量，无风化、无杂质对应砂当量，有适当的颗粒级配对应级配。

8.2.3　人工合成石料粗集料最大的优点是粒径均匀、颗粒形状好、色彩均匀，无杂质、无粉尘，这些技术要求很容易达到。

8.2.4 人工合成石料多为粗集料，细集料也有。人工合成细集料质量优于机制砂，尤其是颗粒均匀性及着色均匀度方面明显优于彩色机制砂。

8.3　石料质量技术要求

石料的两个基本属性是天然特性和加工特性，目前存在的问题是往往对二者认识不够，没用正确区分，为了让大家分清哪项指标是天然特性、哪项指标是加工特性，本规范对石料的天然特性和加工特性指标进行了明确。

石料的天然特性和加工特性是石料的两个基本属性，二者互不矛盾。目前存在的问题是过分强调石料的资源特性，对石料的加工特性认识不够。

天然特性又叫资源特性，指标往往受到产地和成本的制约，可选择和变更的余地不大。加工特性反映石料的加工水平，选择的余地较大，存在很大的变数。加工特性对石料的质量影响很大，但是一些工程对石料的资源特性要求很严，不惜跨省到千里之外远运，却对石料的规格、含泥量、针片状颗粒含量等加工特性不重视。

8.3.1　沥青面层石料

8.3.1.1　粗集料

(1)天然特性质量技术要求。

沥青面层用粗集料的天然特性技术要求基本上沿用了《公路沥青路面施工技术规范》(JTG F40—2004)的指标，但调整了与沥青的黏附性、压碎值、洛杉矶磨耗损失和磨光值四项指标。

①与沥青的黏附性。

由于我国的高速公路路面结构大多为半刚性基层沥青路面，容易产生反射裂缝，造成严重的水破坏，与沥青的黏附性指标依据《公路沥青路面施工技术规范》(JTG F40—2004)按年降雨进行分类，对于反射裂缝造成的水破坏，即使年降雨量不大仍会产生严重的破坏，所以本规范将中、下面层均提高为5级。

②压碎值、洛杉矶磨耗损失、磨光值。

根据现行《公路沥青路面施工技术规范》（JTG F40—2004）对沥青混合料用粗集料质量技术要求，上面层沥青混合料粗集料的强度和抗磨耗性能主要通过石料压碎值、洛杉矶磨耗损失以及粗集料磨光值进行评价。

粗集料压碎值试验通过 9.5～13.2mm 粗集料试样在一定压力作用下，2.36mm 的压碎部分质量与试验质量的比值，即石料压碎值来表征粗集料的抗破碎能力。石料压碎值越小，表明粗集料在压力作用下破碎的颗粒越少，粗集料的抗破碎能力越好。

粗集料磨耗试验（洛杉矶法）通过钢球的回转撞击作用，以撞击后粗集料破碎损失的质量与原质量的比值，即洛杉矶磨耗损失表征粗集料的强度。粗集料洛杉矶磨耗损失越小，表明粗集料越坚硬、耐磨。

粗集料磨光值试验通过加速磨光机对粗集料进行磨光，用摆式仪测定加速磨光后粗集料的表面摩擦系数，即粗集料磨光值表征粗集料的耐磨抗滑性能。粗集料的磨光值越大，表明经加速磨光后，粗集料的表面摩擦系数越大，耐磨抗滑性能越好。

为了分析目前河南省上面层沥青混合料粗集料强度及抗磨耗性能，统计近两年实验室检测上面层沥青混合料粗集料压碎值、洛杉矶磨耗值以及粗集料磨光值数据如表 1 所示。

表 1　上面层沥青混合料粗集料试验数据统计

编　号	石料压碎值（%）	洛杉矶磨耗损失（%）	粗集料磨光值 PSV	备　注
1	16.1	17.4	40.0	荥阳贾峪
2		21.0	43.0	湖南常德
3	18.1	17.4	40.0	三门峡渑池
4	21.5	18.6	40.0	宜阳县
5	21.4	18.7	40.0	三门峡陕县
6	22.3	18.4	40.0	荥阳市崔庙镇
7		22.5	40.0	山东章丘
8		22.9	40.0	驻马店
9		22.1	42.0	驻马店
10		13.8	43.0	三工区
11		18.4	41.0	五龙镇
12	24.0	18.6	40.0	新乡
13	19.3	18.3		宜阳县
14	18.5	17.8	41.0	陕县
15	11.8	13.9	41.0	洛宁
16		20.1	40.0	宜阳千兴
17		15.5	40.0	桐柏
18	22.5	19.2	40.0	荥阳贾峪
19		19.2		荥阳贾峪
平均值	19.6	18.6	40.6	
方差	3.6	2.5	1.1	
变异系数	18.6	13.5	2.6	
数值范围	11.8～24.0	13.8～22.9	40～43	
规范要求	≤26	≤28	≥40	

从试验检测统计分析结果可见：

①目前我省上面层沥青混合料粗集料主要使用石灰岩石料，其强度及磨耗性能均能满足规范的要求，检测项目合格率为100%。

②三项技术指标的检测结果大小有一定差别，其中石料压碎值和洛杉矶磨耗损失数值范围分别为11.8%～24.0%和13.8%～22.9%，平均值分别为19.6%和18.6%，远大于规范的要求，表明上面层沥青混合料粗集料强度和抗破碎能力较好。粗集料磨光值PSV数值范围40～43，平均值为40.6，刚刚满足规范要求，其中有11组试验检测PSV值为40（约占总体的65%），达到规范要求的下限。

根据实验室试验检测数据统计分析，在满足规范要求的前提下，上面层沥青混合料粗集料的压碎值和洛杉矶磨耗值一般较高，而粗集料的磨光值PSV相对较低，对于粗集料的技术性能指标，本规范根据统计数据分析进行了适当的调整：

①粗集料的压碎值和洛杉矶磨耗值要求在规范基础上适当提高，并参考了"安徽省沥青面层集料技术标准研究"成果，以统计数据代表值为基础，确定粗集料压碎值≤25%，洛杉矶磨耗值≤24%。

②《公路工程集料试验规程》（JTG E42—2005）中将集料磨光值试验中磨光机橡胶轮胎的硬度进行了提高，由55IRHD提高至69IRHD；同时提高了橡胶轮胎对道路轮的压力，由390N提高至725N。整体而言，试验条件更为苛刻，相当于提高了磨光值标准。

（2）加工特性质量技术要求。

沥青面层用粗集料的加工特性技术要求基本上沿用了《公路沥青路面施工技术规范》（JTG F40—2004），仅调整了针片状颗粒含量个别指标。

①中、下面层混合料中针片状颗粒含量，《公路沥青路面施工技术规范》（JTG F40—2004）为18，本规范调整为17。主要原因是本规范规定一个施工单位从一个石料生产企业进料，同一个厂家中、下面层石料和上面层石料质量不会差别太大，所以提高了1%。

②针片状颗粒含量——混合料中粒径小于9.5mm的部分，《公路沥青路面施工技术规范》（JTG F40—2004）上面层为18，中、下面层为20，本规范分别调整为16和18，均提高了2%。主要原因是现在石料加工设备的性能提高了，生产出的石料质量标准应该提高。

（3）单档石料级配。

本规范沥青面层用粗集料粒径规格沿用了《公路沥青路面施工技术规范》（JTG F40—2004）的分类，没有改变。

关于单档石料级配本规范的规定与《公路沥青路面施工技术规范》（JTG F40—2004）相比做了重大调整，主要是因为《公路沥青路面施工技术规范》（JTG F40—2004）对单档石料级配规定的范围太宽，基本上没用实质意义。目前我省面层普遍采用了骨架密实结构，对石料的级配较悬浮级配要求高，所以本规范提高了单档石料级配要求。

8.3.1.2 细集料

（1）天然特性质量技术要求。

沥青面层用细集料的天然特性技术要求沿用了《公路沥青路面施工技术规范》（JTG F40—2004）的指标要求，没做调整。

（2）加工特性质量技术要求。

沥青面层用细集料加工特性质量技术要求的含泥量和棱角性两项指标与《公路沥青路面施工技术规范》（JTG F40—2004）一致，但砂当量和亚甲蓝值两项指标做了大幅度的调整，主要原因是本规范规定我省高速公路路面石料细集料使用机制砂，由于机制砂质量好，技术要求相应提高。

①砂当量。

对于砂当量指标，《公路沥青路面施工技术规范》（JTG F40—2004）为60，本规范提高到70。砂当量为60时质量较好的石屑能达到要求，提高到70后，石屑不可能达到了，等于在指标上排除了石屑，必须使用机制砂。对于机制砂，砂当量75很容易达到。

②亚甲蓝值。

对于亚甲蓝值指标，《公路沥青路面施工技术规范》(JTG F40—2004)为25，本规范提高到10。应用中发现，亚甲蓝值定为25时，很次的石屑都能达到，没有实际意义。本规范提高到10，一般的石屑已不容易达到，只有使用机制砂才能保证次次检测合格。

(3)单档石料级配。

本规范沥青面层用细集料粒径规格沿用了《公路沥青路面施工技术规范》(JTG F40—2004)的分类，没有改变。

关于单档石料级配本规范的规定与《公路沥青路面施工技术规范》(JTG F40—2004)相比做了调整，主要是因为《公路沥青路面施工技术规范》(JTG F40—2004)对单档石料级配的规定不太适合骨架密实结构，本规范进行了优化。

8.3.2 半刚性基层石料

《公路路面基层施工技术规范》(JTJ 034—2000)已出台十多年，交通运输部于2015年完成了2000年版基层规范的修订，新修订的基层规范为《公路路面基层施工技术细则》(JTG/T F20—2015)。

新的基层规范没出台前的这十多年间，水泥稳定碎石基层技术发展很快，尤其是振动成型技术和骨架密实结构的普及应用，对石料提出了较高的要求。本规范根据振动成型技术和骨架密实结构对石料的要求，参照《公路路面基层施工技术细则》(JTG/T F20—2015)制定了半刚性基层用粗、细集料的质量技术要求。

8.3.2.1 粗集料

(1)天然特性质量技术要求。

《公路路面基层施工技术细则》(JTG/T F20—2015)对半刚性基层用粗集料天然特性质量技术要求仅有压碎值一项指标提出了要求，本规范根据振动成型技术和骨架密实结构对石料的要求，本规范选取了压碎值、表观相对密度、吸水率、坚固性四项指标作为半刚性基层用粗集料的天然特性技术要求，指标的选取比较适中，没有特意提高，绝大部分石料都能满足要求。

过去大家对水泥稳定碎石的石料质量重视不够，认为基层石料无所谓，什么石料都行，其实不是这样，不同产地、材质的石料对基层指标的差别还是很大的，所以半刚性基层用粗集料的质量也应引起重视。

(2)加工特性质量技术要求。

关于半刚性基层用粗集料加工特性质量技术要求，本规范与《公路路面基层施工技术细则》(JTG/T F20—2015)一致。

(3)单档石料级配。

半刚性基层用粗集料粒径规格沿用了《公路路面基层施工技术细则》(JTG/T F20—2015)的分类。

半刚性基层用粗集料单档石料级配，本规范参照《公路路面基层施工技术细则》(JTG/T F20—2015)制定，但比行标略严。

8.3.2.2 细集料

(1)天然特性质量技术要求。

半刚性基层用细集料的质量对基层影响很大，过去没有引起足够的重视。尤其是振动成型技术和骨架密实结构对细集料的质量要求很高，仅次于沥青面层对细集料的技术要求。

根据振动成型技术和骨架密实结构对石料的要求，本规范在《公路路面基层施工技术细则》(JTG/T

F20—2015)的基础上增加了表观相对密度和坚固性两项指标。

(2)加工特性质量技术要求。

骨架密实结构水泥稳定碎石基层对细集料的质量要求较高,一般的石屑很难达到要求,本规范根据骨架密实结构的要求,在《公路路面基层施工技术细则》(JTG/T F20—2015)的基础上增加了含泥量和砂当量两项指标。

关于砂当量,检测发现如果按照目前河南省石料厂的加工水平,普通石屑基本上很难达到本规范规定的50,但是对石料厂的设备略加改造,加工工艺适当改进,并提高管理水平,大部分石料厂都能达到。

(3)单档石料级配。

目前市场上供应的细集料——普通石屑,基本上为粉料,毫无级配可言。但是,在业主和施工单位的要求下,石料厂改进加工工艺后级配会大为改善。基于此,根据骨架密实结构的要求,本规范参照《公路路面基层施工技术细则》(JTG/T F20—2015)规定了半刚性基层用细集料单档石料级配要求。

8.3.3 封层石料

目前高速公路用封层有两大类:改性沥青碎石封层和改性乳化沥青碎石封层,现行的行业标准没有对封层用石料做具体要求,本规范在使用上做出了规定。

9 石料加工质量控制

9.1 一般规定

9.1.1 石料在生产中应加强质量管理,其主要责任主体为石料生产企业。石料在使用中也应加强质量管理,这些工作应由施工单位和监理单位具体实施。

9.1.2 以前由于没有相应的质量要求,石料生产和供应几乎没有政府监督,本规范的出台为政府监督提供了技术依据,以后行业协会也要做好石料的质量检查和监督,充分发挥行业协会的职能和作用。

9.1.3 本规范规定业主、监理单位或施工单位要派人进驻石料生产企业,石料生产企业要积极配合,因为石料生产企业也会从中受益,因为有监督,会促进石料生产企业提升管理水平,改进加工工艺,进而全面提高产品质量,使产品提高了市场竞争力。

9.1.4 对于业主或施工单位自行组建的临时石料加工单位,更应该接受高速公路项目业主和监理单位的质量监督,因为业主或施工单位自行组建的石料加工单位的目的就是提高石料质量,解决市场上石料生产粗放的问题。

9.2 石料生产管理措施

9.2.1 目前石料生产企业实验室配置十分落后,有的甚至没有实验室,本条明确了石料生产企业要配置实验室。

9.2.2 目前石料生产企业管理粗放,技术人员缺乏,质量措施、质量管理办法不多,应改变这一现状。

9.2.3 社会上石料生产设备种类很多,型号也很齐全,但在使用上由于缺少技术人员,设备管理相对落后。

9.2.4 有的石料生产企业不重视堆料场管,堆料混乱,混料严重。

9.2.5 职工培训是企业一项重要工作,但没有得到普遍重视,石料生产企业的职工培训应提到重要高度。

9.2.6 采石料原石变化很大,应经常进行检测分析,判断其天然特性。

9.3 天然特性指标控制

不同类型的岩石,具有不同的特性,岩石标本取自不同的国家,不同的采场或同一采场探洞,甚至不同深度的同一岩类两个标本,有时也有不完全相同的特性。岩石性质极大地影响着破碎设备的选用,影响着石料产品的质量和成本。因此,在选用石料原料时,必须细致地分析了解岩石性质,并通过小型试验、实验室试验,甚至组合性的半工业性试验来鉴定岩石性质对设备及沥青路面、基层碎石的影响,然后经过技术经济比较,做出最终的合理选择。

9.4 软石含量控制

过量的软弱颗粒对水泥稳定碎石的强度、沥青路面的抗磨和耐久性有明显的影响。由于软弱颗粒处理工艺复杂,费用较高,因此通常在料源源头采用人工控制,主要是肉眼分析判断。一般工程以弱风化带下部作为料场无用层与有用层的分界线,将料场无用层作为弃料。另外,合理组织采石场施工,采用先剥离无用层,后开采有用岩石的开采程序,达到减少软弱颗粒含量的目的。

采石场的软石含量控制质量控制主要是对溶洞和夹泥层地带含泥量的控制。例如石灰岩地区岩石风化物容易流失,因此石灰岩地区多见溶洞、溶沟、岩石出露,形成"喀斯特"现象。在有用层中分布断层、挤压面、岩溶等软弱夹层,在采料过程中就应预先剔除。对于强弱风化层不太明显、多溶沟、多溶洞的岩石首先采取肉眼分辨,预先弃除,也有采用高压水冲洗的方法,以使软弱颗粒含量满足砂石料质量要求。

9.5 含泥量控制

正常的石料生产工艺一般不会产生泥块,主要是对石料含泥量的控制。成品石料含泥量的控制分源头控制、系统加工工艺控制及生产组织措施。源头控制工序主要是合理组织料场施工,严格区分弱风化和强风化界限,将强风化料作为弃料。系统加工工艺控制程序:在干式生产中,将经粗破后的岩石中的微量含泥进行分离加工,筛去0~20mm的颗粒。在湿式生产中,一般设计多级冲洗机,并设置专门的清洗设备进行处理,使0~40mm岩石全部进入洗泥机。为了洗去泥块,专门设置冲洗脱水工序对成品粗集料进行清洗,有效保证集料含泥量达标。生产组织措施主要是成品料堆放管理,防止污染。

9.6 针片状石料含量控制

粗集料针片状含量的质量控制措施主要是通过设备的选型,其次是在生产工艺上调节进料的块度。由于各种岩石的矿物成分、结构和构造的不同,岩石破碎后的粒形和级配也不尽相同。质地坚硬的石英砂岩及各种浸入火成岩粒形最差,针片状含量多,而中等硬度的石灰岩、白云质灰岩针片状含量很少。大量的试验证明,不同的破碎机产生针片状含量效果不同。颚式破碎机比旋回及圆锥破碎机生产的粗集料的针片状含量略高,而反击式特别是重锤反击式破碎机生产的粗集料的针片状含量显著降低。用圆锥式破碎机破碎时粉碎状成分多,而且集料中针片状颗粒含量高,用反击式破碎机破碎时,集料粒形相对较好。因此,为了有效地控制针片状含量,对于岩性不太好的,尽量避免采用颚式破碎机和圆锥破碎机,一般采用反击式破碎机。粗破的针片状含量大于中破,中破的针片状含量又大于细破。说明破碎比越大,针片状含量越大,为改善集料粒形,在生产工艺上应尽量减小粗碎前的块度,并尽量利用粗破及中破后的小石及中石制机制砂,利用细碎后的中小石作为粗集料的成品,这样也可以严格控制针片状含量。

9.7 含粉量控制

机制砂中粉含量,是指小于0.15mm的颗粒的含量,小于0.075mm的颗粒可以视为一种惰性掺合料看待,适当的粉含量可以改善沥青混凝土的和易性,提高沥青混凝土密实性,对提高沥青混凝土性能有利。但是目前国内石屑普遍存在粉含量超标的现象。

干法制砂工艺中机制砂中的石粉含量一般较高,能满足质量标准要求。也有发现存在机制粉含量大于标准的情况,这时应考虑部分湿式生产,洗去部分石粉或选用风机吸尘器设备吸出部分石粉,以满足标准要求。

湿法制砂工艺中机制砂中的石粉含量一般较低，要求添加部分回收石粉以满足级配要求。生产机制砂时的石粉回收主要有机械回收方式和人工回收方式两种。在大型机制砂生产规模中或场地狭窄的场地，工艺上需设计石粉回收车间（或称细砂回收车间）。即将筛分车间和制砂车间螺旋分级机溢流水中带走的石粉通过集流池，再回收利用。目前选用国际上先进的旋流真空脱水设备较多。在小型机制砂生产规模中或场地宽敞的工程，也采用人工回收方式来控制机制砂中的石粉含量。即对生产过程中洗砂机排放溢流水进行自然存放脱水，自然存放脱水后的细砂可以用装载机配合自卸汽车运输进行添加。为了有效地控制石粉含量，常采取以下措施：通过不断试验，有效控制石粉的添加量；在石粉添加斗的斗壁附有振动器，斗下安装一台螺旋分级机，通过螺旋分级机均匀地添加到成品砂入仓胶带机上，使石粉得到均匀混合；废水处理车间尽量靠近成品机制砂胶带机，能用胶带机顺利转运，经压滤机干化后的石粉干饼经双辊破碎机加工松散粉末状，防止石粉成团；在生产总布置中要考虑一个石粉堆存场，堆存场既可以调节添加量，又可以通过自然脱水降低含水率，在一定程度上调节成品砂的含水率。

9.8 含水率控制

湿式生产石料时，为了使含水率降低到规定范围内且稳定，目前大型石料厂主要采取了机械脱水方式，中小型石料厂采用自然脱水为主。另外，在生产中必须严格遵守操作规程，对堆料砂仓进行合理的改造和堆存也可以有效控制人工砂含水率。一般采取如下措施：

（1）一般系统工艺中首先要采用机械脱掉石料中大部分水分。目前采用最多的是振动筛脱水工艺，经直线脱水筛脱水后的石料，能将原含水率 20% ~23% 的砂脱到 14% ~17%；也有采用脱水效果好、投资费用相应大的真空脱水和离心脱水。

（2）机制砂下料、堆存脱水及取料分开进行，一般堆存脱水 3 ~5d 后可使含水率降低到 6% 以内且稳定。

（3）使干法机制砂和脱水筛的机制砂混合进入成品料仓，可降低砂的含水率。

（4）在成品砂仓顶部搭设了防雨棚，砂仓底部浇筑混凝土地板和盲沟排水设施。每仓放完料后对盲沟进行一次清理，加快自然脱水时间，也可有效降低成品砂含水率。

9.9 细度模数控制

在湿式机制砂生产时，机制砂的细度模数控制工艺取决于制砂机和细砂回收工艺。在干式生产时，其小于 0.15mm 颗粒的含量已存在机制砂中，无需考虑回收细颗粒。成品机制砂的质量控制中，一方面处理立轴破碎机制砂与经多级破碎后的粗机制砂，其细度模数偏大的问题，在工艺上去掉大于 5mm 部分的粗颗粒，使其自身的细度得到控制；另一方面着重分离处理 0 ~0.15mm 微粒的含量，以保证控制机制砂细度模数。

9.10 级配控制

相对于建筑工程，公路工程对石料的级配要求很严，石料生产时要作为质量控制重点。石料采场地质构造复杂，岩石又属于片理构造，对粗集料生产的超径、针片状、级配等质量指标产生一定的影响。在生产过程中，主要通过各种设备的开口进行控制，同时对各种筛网振幅、振率进行相应的调整。在生产过程中对筛网及时检查，对已破损的筛网及时进行更换。

10 石料应用

10.1 石料生产企业的选择

10.1.1 本条规定是我省石料供应较好的几个高速公路项目的成功经验，经过多年的探索，有一套成熟的经验，希望在我省能推广。

10.1.2　过去施工单位一般都是在拌和站坐等收料，不管哪个石料厂的货来者不拒，级配、石料规格、技术要求根本无法保证。所以本条规定，一个施工标段应选择一家石料生产企业供料。

10.2　拌和站石料的管理

10.2.1　我省这几年进行了标准化施工管理，拌和站场地建设做得很好，硬化、排水等都很到位。

10.2.2　石料从源头控制质量，但是进场后也要加强管理，石料的存储、堆放和管理也要形成规章制度。

加大对进场石料的抽检力度，加强进场石料的管理，不同品种、不同批次的石料不得混放。

保持集料规格、特性的一致性是集料质量管理最主要的目标；集料规格不一致会影混合料级配的波动，导致水泥剂量的波动和偏离其最佳值，造成搅拌设备生产的不稳定（溢料和待料），从而严重影响成品料的生产质量。

每批材料进场时均应按国家规范对集料的规格、级配、含泥量、针片状含量等特性进行取样分析，证明合格后方可进场堆放，并签发验收单；验收单应对集料的来源（石场）、原石的品种和特性、集料的规格和数量、进场日期、堆放地点以及特性试验的结果等进行登记。

集料质量检验的各项指标应符合混合料基层用粗集料质量技术要求。

应按正确的方法堆放集料，修筑料堆。

应定期检查料堆的级配特性，监测其有无变化。

应经常（通常每天两次）检查集料的含水率，以便及时调整搅拌设备的生产率。

10.2.3　目前有的施工单位石料的管理工作还不到位，经常发生串料。

10.2.4　制定专项的石料卸料、堆料、上料的工艺，指导和监督装载机操作手按正确的方法取料和装料。

石料的生产、管理、质量控制是目前高速公路施工管理的一个薄弱环节，而石料的堆放、上料、卸料等更是薄弱环节之薄弱环节。大多人都认为，不就是一堆石子吗，怎么倒腾不行？其实这里面有很大的学问，石料上料、卸料、堆料时遵照一定的工艺，离析就不严重，级配就稳定、变异小，否则配合比天天就要变。如果监理或上级检查时要求严格，配合比很可能就不合格。因为我国不同规格的石料是混合的，不是单粒径的，如10～20mm石料里面有10～15mm的石料，也有15～20mm的石料，并且同一规格的石料也有一个级配范围，所以同一种料里面又有粗料、细料之分，如果卸料不合理会造成大料混落下面，小料在上面，等到装料会造成一斗为全是大料，另一斗料全是小料。

（1）卸料、堆料。

如图11所示。图a）是正确的堆料方式，石料要分层堆放，粗、细料不离析；图b）是不正确的堆料方式，卸料时不分层，大料滑落在下面，造成卸料离析。

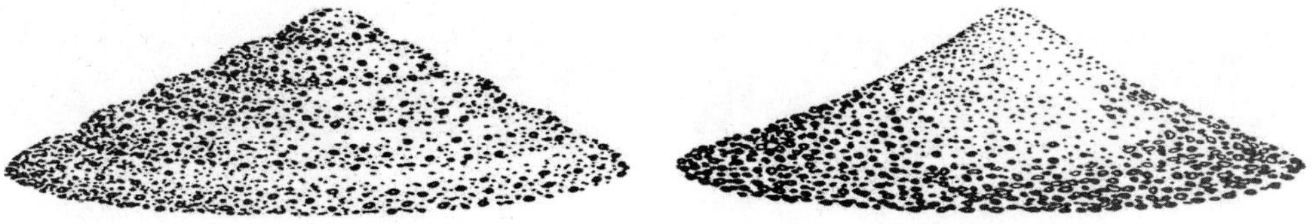

a）正确的方法　　b）不正确的方法

图11　正确的和不正确的堆放方式

如图12所示是用卡车和铲车堆料的操作示意图，用卡车卸料时要分次卸料，不要在一个位置将料卸完，同时把集料卸成每堆不大于一卡车料的料堆，否则会造成大料落到下部，要防止大料沿斜坡滑落。

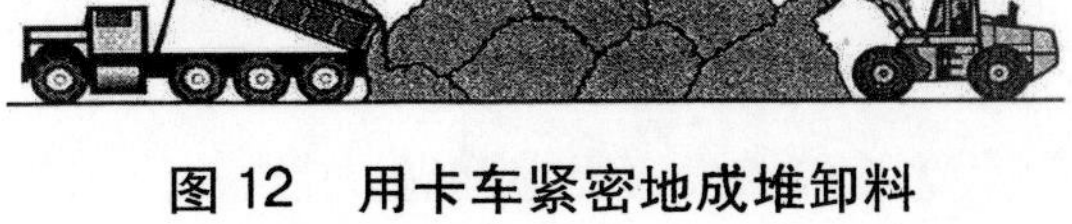

图12　用卡车紧密地成堆卸料

(2)上料。

应注意减少装载机向冷料仓输送集料中出现的离析。

10.2.5 骨架密实结构基层水泥稳定碎石混合料含水率控制很重要,含水率太小难以碾压、表面石料离析,含水率太高碾压结束后轮迹无法消除,平整度差,更严重的是由于骨架密实结构水泥稳定碎石基层混合料中细集料含量小,碾压时含水率太高,水泥浆提到上面,造成底部松散,严重者取不出芯。

细集料的含水率对水泥稳定碎石混合料的含水率影响很大,也是水泥稳定碎石基层的混合料含水率难以控制的最主要因素。一般骨架密实结构水泥稳定碎石基层混合料的最佳含水率在4% ~5%,有时下雨后拌料时单细集料的含水率已足够甚至超过整个混合料的最佳含水率了。所以对于细集料要搭建防雨篷是非常必要的,最低要求细集料也要用防雨布覆盖,这样才能保证雨后可立即进行基层摊铺施工。

10.3 施工中石料质量控制

10.3.1 质量控制措施

(1)石料质量不仅是石料生产企业的事,也是项目业主、监理单位和施工单位的事,大家要共同努力。

(2)项目公司、监理和施工单位应派材料监理进驻项目石料专供厂家,是一个有效控制石料质量的方法,在我省多个高速公路项目采用,效果较好。

高速公路的石料材料要从源头抓起,这是大家的普遍认识。一般人都认为源头就是石料生产厂家,其实厂家源头之上还有源头,那就是原石。因为成品石料是由原石加工而成的,只有优秀的原石才能加工出优等的石料。这几年我国的高速公路发展很快,由于石料地域性较强,通俗地讲就是石料"腿短",长距离运输得不偿失。另外,建一个石料厂投资不大,外行人认为石料加工技术要求不高,所以哪里修高速,只要有山便一哄而上建石料厂。专业人士都知道,高速公路对石料的品质要求是很高的,不是什么石料都能使用到面层。即使品质满足了高速公路面层要求,如果开采原石时山皮土太多,生产的石料很难满足要求,如图13、图14所示。

图13 品质较差的原石

图14 品质较好的原石

图13是在某个石料厂拍摄的,整座山大多是风化石,坚石含量很小,山皮土占了很大的比重。这样的石料厂根本不能入围,也许有人说用于底基层总可以吧,从理论上讲能用于底基层没问题,但是现在施工单位不好管理,一旦放开,可能有的施工单位会一股脑连基层料也进齐。等到发现后为时已晚,因为石料一旦进入施工单位料厂,清理出去是很难的。第一,说情的接二连三;第二,稍不留心,施工单位就会偷偷用了,等发现后已铺到路上了,再让铲掉更是难上加难。所以控制好原石是关键之关键。

图14是一张揭去上皮土的原石照片。从图可以看出,原石整体性好,基本不含土,原石也没有风化,用于加工石料是很好的选择。

如果不派人进驻石料生产厂,怎么能够发现上述问题?

(3)如图 15、图 16 所示是同一个石料厂加工出的产品。

图 15　洁净的成品石料

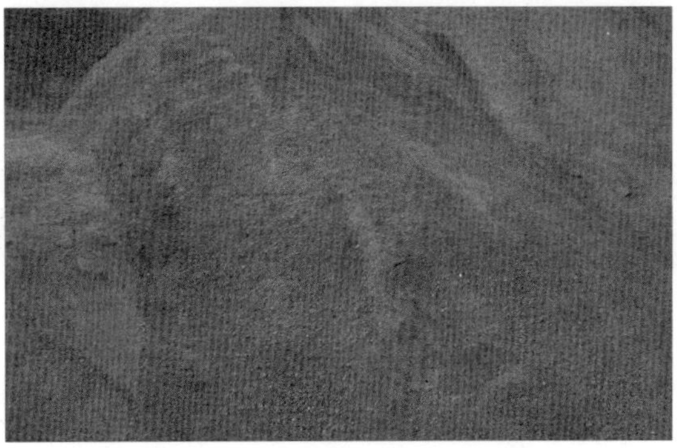

图 16　含泥量很大的石料

图 15 中的石料非常均匀,含泥量很小;图 16 中石屑质量就很差,从颜色看明显发黄,说明含山皮土的比例很大,不能满足砂含量指标要求。

从上面两图可以看出石料生产企业生产过程中的质量抽检多么重要。

(4)要想保证混合料级配,单档级配合格是前提,不要寄希望于单档级配不合格,通过调整达到混合级配合格,这是不现实的。

石料的品质固然重要,但石料的级配更不能忽视,由于骨架密实结构基层水泥稳定碎石混合料对混合料合成级配和石料的级配要求很高,这就要求施工单位和监理重视石料级配。由于过去的悬浮结构基层水泥稳定碎石混合料对石料的级配要求较低,大家往往认为基层石料级配不重要。驻厂的石料监理要经常检查石料厂的石料级配,确保石料级配变异小,至少每天要进行一次级配检查。

10.3.2　项目业主、10.3.3 监理、10.3.4 施工单位:规定了项目业主、监理和施工单位对石料质量各自的管理职责。

10.3.4　(2)取样要有代表性,严格按试验规程规定的步骤取样,可以在输送皮带上取样,也可以在料堆上取样。在输送皮带上取样时,要持续一定的时间,否则没有代表性;在料堆上取样时,要在上、中、下部位分别取样混合,按要求用四分法进行缩减。

10.3.4　(3)本条规定了一批次石料的概念、几个内涵;同一料源、同一次购入、相同规格。

附录2

《高速公路路面石料加工及应用技术规范》

编 制 说 明

一、编制背景

从20世纪90年代中期我省第一条高速公路通车,经过2000年后的快速发展,截至2014年年底,我省的高速公路通车总里程已突破5800公里,连续七年雄居全国第一。但是在高速公路建设中,石料质量问题一直困扰参建各方。目前石料质量主要有如下方面的问题。

1. 石料脏(含泥量大)、粉尘多

这是我国石料产品的通病,严重影响了路面的质量,造成基层裂缝增加,石料与沥青的黏结力下降,好的沥青无法发挥其品质,引起路面的松散、透水、坑槽、裂缝等高速公路早期破坏,达不到其设计寿命。

2. 针片状、扁平状颗粒含量高

由于针片状颗料在压路机碾压时易被压碎,造成施工时混合料级配变异,影响路面质量和寿命。

3. 级配变异大

我国目前公路部门的石料多半取自社会料场,质量和规格参差不齐、筛孔不统一、生产规模小、缺乏专业生产厂家、与建筑石料混合生产、用颚式破碎机生产面层石料等问题十分突出,同一厂家不同批次的产品变异很大,不同厂家生产出来的同一规格石料相差悬殊,导致实际级配与配合比设计有很大的差距,引起混合料离析和油石比不准,施工质量难以控制。

4. 重视不够,办法不多

当前对高速公路石料的质量控制存在下面三种错误倾向:

第一,对石料的重要性认识不足,对质量控制不力。

第二,认识到了石料的重要性,但没有好的控制方法,尽管出台了许多文字性的措施,但落实不了。

第三,认识到了石料的重要性,采取了一系列的措施、方法和手段,前期确实起到了好的效果,但是到了中后期,由于工期紧张、工期提前、超限治理、运输困难、石料涨价、石料供应紧张等一系列原因,往往放松对石料的质量要求,这种"前紧后松"的现象非常普遍。

所以有必要制定河南省的石料生产和应用的地方标准,以提高我省高速公路路面石料质量,规范石料的生产及应用。

二、编制目的及意义

国外情况:国外发达国家均制定了道路用石料的产品标准,有国标,也有地标,如美国、日本、德国等。

国内情况:国内没有公路方面的国家标准和行业标准,只有《公路路面施工技术规范》提出了石料的技术要求,没有对石料的加工、应用、质量管理等方面提出要求,所以国家质量监督部门无法监督石料质量,造成目前公路用石料质量极差。

对于石料质量问题,大多数项目公司重视不够,有的公司比较重视,但苦于没有好的办法,仅派石料监理进驻石料厂家，无法从根本上解决石料质量问题。

由于国家未出台高速公路路面石料的产品国家标准或行业标准，目前高速公路路面石料生产政府监督还是空白，在质量方面使用单位没用话语权。本标准的出台将有效改观这一局面，为政府执法提供了依据，通过政府监督全面提高我省高速公路路面石料的质量。通过本标准的制定，以期达到解决石料质量问题，从而有效提高我省高速公路路面质量。

三、编制过程

河南省交通基本建设质量检测监督站在对高速公路在建项目进行质量检查时发现，对于石料质量问题，大多数项目公司重视不够，有的公司比较重视，但苦于没有好的办法，仅派石料监理进驻石料厂家，无法从根本上解决石料质量问题。

鉴于上述问题，2014 年 9 月河南省交通基本建设质量检测监督站组织有关专家讨论我省编写《高速公路路面石料生产及应用技术规范》（河南省地方标准）的可行性，与会专家一致认为：我国目前公路部门的石料多半取自社会料场，质量和规格参差不齐、筛孔不统一、生产规模小、缺乏专业生产厂家、与建筑石料混合生产，面层石料问题十分突出，同一厂家不同批次的产品变异很大，不同厂家生产出来的同一规格石料相差悬殊。由于这几年房地产业火爆，建筑用石料需求很大，加上国家环保意识加强控制石料的开采，石料基本上属于供不应求的局面，高速公路石料使用单位处于弱势地位，石料生产企业非常强势，根本不顾及质量，造成高速公路施工单位十分被动。制定河南省地方的《高速公路路面石料生产及应用技术规范》迫在眉睫。于是，由河南省交通基本建设质量检测监督站牵头，河南省机西高速公路建设有限公司具体实施，成立《高速公路路面石料生产及应用技术规范》（河南省地方标准）编写组，由河南省交通厅高速公路管理局、河南省交通投资集团有限责任公司、河南高速公路发展有限责任公司、郑州大学等单位抽调富有现场经验和较高理论水平的人员组成。

2014 年年底，河南省交通基本建设质量检测监督站向河南省质量技术监督局提交了《高速公路路面石料生产及应用技术规范》（河南省地方标准）立项申请，2015 年 3 月，立项申请批复。

在标准编制过程中，规范编写组经充分调研，在充分吸收国内、外高速公路建设的规范、规程或指南先进技术和经验的基础上，结合河南省高速公路建设和养护的实际情况，2015 年 5 月完成了《高速公路路面石料生产及应用技术规范》初稿。2015 年 5 月 6 日，河南省交通基本建设质量检测监督站组织河南省交通厅高速公路管理局、郑州大学、河南高速公路发展有限责任公司、河南省交通规划勘察设计院、河南省交通科学技术研究院等有关技术人员对《高速公路路面石料生产及应用技术规范》初稿进行讨论，规范编写组按专家的意见进行修改，形成了《高速公路路面石料生产及应用技术规范》（征求意见稿）。

2015 年 6 月 6 日，河南省交通基本建设质量检测监督站在郑州召开了《高速公路路面石料生产及应用技术规范》（征求意见稿）征求意见会，组织有关专家对《高速公路路面石料生产及应用技术规范》（征求意见稿）条款进行讨论，参加会议的专家来自河南省交通运输厅、河南省交通运输厅高速公路管理局、河南省交通规划勘察设计院、长安大学、天津市市政工程研究院等单位，会上专家们就本标准进行了交流与研讨，提出了宝贵的意见和建议。规范编写组充分采纳了专家们的有关意见和建议，对标准进行了相应修改，使本标准更加科学和完善，形成了《高速公路路面石料生产及应用技术规范》（送审稿）。

2015 年 7 月 21 日，河南省质量技术监督局在郑州主持召开标准审定会议，组织河南省交通运输厅、郑州大学、河南省公路工程局集团有限公司、河南省交通规划勘察设计院有限责任公司等单位的有关专家对《高速公路路面石料加工及应用技术规范》河南省地方标准进行了审定。与会专家认真审查了《高速公路路面石料加工及应用技术规范》（送审稿），并提出了宝贵的意见。规范编写组采纳了专家们的意见，对标准进行了相应修改，形成了《高速公路路面石料加工及应用技术规范》。

四、编制原则及依据

本标准在编制方面，坚持了以下几项原则。

1. 以国家规范为主导原则

本标准在编写中一直遵照以国家规范为主导的原则，汲取了国家规范《公路路面施工技术规范》（JTG F40—2004）的精髓，但又不盲从国家规范，根据河南省高速公路的特点，结合河南省石料生产和应用的现状，制定了适合河南省高速公路建设的石料技术要求和生产应用管理措施。

2. 坚持可操作性原则

本标准在编写中一直坚持可操作性原则，标准中涉及的预防性养护条件、病害划分、预防性养护措施、预防性养护时机等均不过度拔高，以经过努力可以达到为原则，使规范更具人性化和可操作性。

3. 坚持系统性与创新原则

本规范坚持创新，使用已经成熟的新技术。需要说明的是，本标准应用了多项新技术如隐性病害检测技术、裂缝无损检测技术、含砂雾封层技术、高分子材料注浆技术等不是为创新而创新，不是标新立异，而是这些新技术均是经过多个工程检验，效果可靠、技术成熟，便于操作的新技术和新工艺。

五、关键指标的确定和依据说明

详见《高速公路路面石料生产及应用技术规范》条文说明。

六、关于引用试验、检测方法标准

本标准中涉及公路路面状况指标检测方法等，均有相应国家标准，本标准直接引用。

七、与有关的现行法律、法规和强制性标准的关系

本标准与现行法律、法规和强制性标准没有冲突。

八、标准在编写过程中意见分歧情况

本标准在编写过程中没有重大分歧。

九、标准实施的意义

由于国家未出台高速公路路面石料的产品国家标准或行业标准，目前高速公路路面石料生产政府监督还是空白，在质量方面使用单位没用话语权。本标准的出台将有效改观这一局面，为政府执法提供了依据，通过政府监督全面提高我省高速公路路面石料的质量。通过本标准的制定，以期达到解决石料质量问题，从而有效提高我省高速公路路面质量。

1. 直接经济效益

通过本规范的实施，可有效提高路面石料质量，减少了因石料质量的返工，加快了施工进度，平均每年节约施工费用 1.5 亿元。

2. 间接经济效益

本规范的实施，提高了路面石料质量，能延长路面使用寿命，减少中修次数，推迟大修工程。据测算，采用本规范路面的整体寿命能延长 5 ~ 10 年，单此一项全省能增加通行费收入 1500 ~ 3000 亿元。

3. 社会效益

本规范的实施能显著提高我省高速公路的路面状况指标，为广大驾乘人员提供良好的出行条件，减少交通事故的发生。另外，实施本规范能减少中修次数，推迟大修工程，减少路面养护施工，减小因养护施工对车辆的行驶影响，提高道路通行能力，产生巨大的社会效益。

2015 年 8 月 8 日